Marimba Partner
Concert Repertoire
vol. 1

マリンバパートナー
コンサート
レパートリー

野口 道子 編著
Edited by Michiko Noguchi

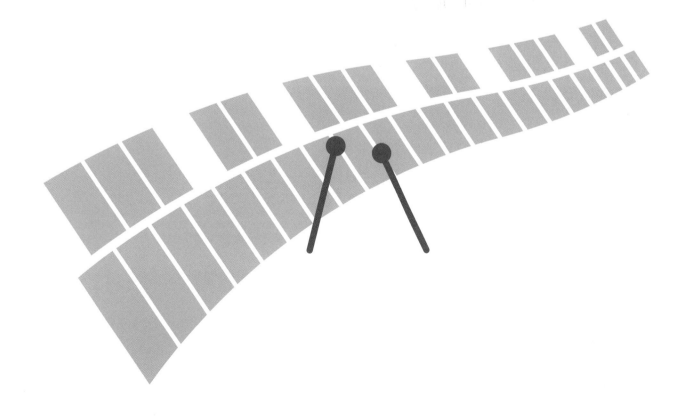

KYODO-MUSIC

はじめに

「マリンバ・パートナーシリーズ」を書き始めて早20年が経過しました。当時はインターネットも携帯電話も一般には殆ど普及しておらず、楽譜の資料を得るために沢山のスコアやCDを買い込み、図書館にも頻繁に通いつめた日々を懐かしく思い出します。今はYouTubeなどで簡単に沢山の演奏を聴ける、本当に便利な時代になったものです。

この20年、世の中と共にマリンバも様々変化しました。中でも大型楽器の登場、欧米への広がり、国際コンクール開催は、マリンバにとって特に大きな出来事でした。

現在、クラシックの名曲を2マレットで演奏することは、欧米では殆ど行われていません。習い始めは概ね中学、高校のブラスバンドなどからで、直ぐに4マレットの現代オリジナル作品（トレモロを用いず打音+自然減衰で奏する）を学ぶため、マリンバは現代作品を演奏する鍵盤打楽器という位置づけとなっています。日本は、最近では欧米タイプの奏者も増えてはいますが、幼少期から個人レッスンを通じて、トレモロを交えながらクラシック作品や世界の民謡のメロディーを、2マレット主体に長く学ぶ流れは依然として健在です。それは、戦後の疲弊した時代、「木琴の演奏を通して、聴衆の心に響く良質な音楽を届けたい」と、毎朝のラジオ番組や全国を巡る演奏活動を通じて国民を励まし、国民的演奏家とまで評された平岡養一氏や、演奏の傍ら教本の執筆にも尽力された朝吹英一氏という偉大な先人の築いた日本独自の木琴文化が、二世、三世と受け継がれ、今日に至って繋がっているためです。

私自身、初めに学んだのは平岡、朝吹先生のまとめられた教本で、それらを通してクラシック音楽の素晴らしさ、演奏の楽しさを学びました。その後、音楽大学進学を決めた高校の時から、マリンバのために書かれた4マレットのオリジナル作品の練習に勤しみ、それは大学院修了まで続きました。オリジナル作品は難解ではあっても、それをこなすことに大きな充実感があって、誇らしい気持ちにもなりました。大学院を終えて間もなく、マリンバ界で長く活躍されている方々とアンサンブルを組み、プロとしての演奏活動を開始しましたが、演奏する曲は一般に馴染みのある作品が殆どで、学生時代に学んできた「現代音楽」を生かす機会はなく、長くジレンマを引きずることにもなりました。

しかし、コンサートの舞台を経験するにつれて、聴衆の方々の反応を肌で感じ取れるようになると、「足を運んでくださった皆さんを如何にすれば楽しく豊かな気分に浸っていただけるのか」「演奏家の務めとは？」などについて自分なりに整理が出来るようになっていきました。

一般の方々がマリンバという楽器に感じる魅力は、ポクポクという木の音色の持つ純粋さ、気取りのなさ、トレモロで奏でられる美しい調べ、動き回るマレットの楽しさ、高音域の溌剌とした明るさと低音域の深い響き、などにあります。マリンバはテンポの速い作品が得意な楽器ですが、コンサートで「心で聴いていただけた」という感じられる作品は、決まって高い音楽性を備えた美しいメロディーとハーモニーを持つ、ゆったりとした作品でした。勿論そうした作品はトレモロで如何に芸術的なレガートを表すか等、表現の探究は尽きることがありませんでしたが、数百年も生き続けている完璧な音の配列で書かれた名作に取り組み、その素晴らしさを伝えられる喜びは、正に演奏家冥利に尽きるものでした。

日本人奏者の強みは「現代音楽」から離れ、一般の方々対象のコンサートに臨んだ際、ごく自然にメロディーを唄うマリンバに立ち返ることが出来ることです。その点では4マレットの打楽器的表現に留まろうとする欧米の奏者を気の毒にさえ思います。そうした作品で得られる聴衆層は非常に限定的です。

今の混沌とした世の中、親しみやすい「マリンバ」だからこそ出来ることがあります。昭和の前期に日本人の多くが惹かれた木琴の「魅力」、それは時代を経ても何ら変わることはありません。私たちは、日本の木琴（マリンバ）の歴史に、もっと誇りを持ち、胸を張るべきだと思います。

この「マリンバ・コンサート・レパートリー」はそうした日本のマリンバ観を基軸に、今マリンバを学ぶ皆さんに適材であると思う作品を集めました。クラシックの名曲の他、ジャズ、タンゴ、後半には明治時代の日本歌曲も収めました。マリンバの木の音色で奏でる「日本の歌」はこの上なく美しく、聴き手の心に深くに訴えるものがあります。初中級レベルの方でも比較的易しく演奏出来るよう、3本マレット版も書きました。時代背景や歌詞の情感も感じながら演奏していただきたいと思います。

「日本人の愛したマリンバ」が現代から未来へと受け継がれ、広がって欲しいと切に願いつつ・・・。

2022年2月　野口道子

CONTENTS

		Piano	Mar.
『白雪姫』メドレー 〜ハイ・ホー、いつか王子様が、口笛吹いて働こう〜 "Snow White" Medley ♪Heigh-Ho ♪Someday My Prince Will Come ♪Whistle While You Work	F.Churchill	4	2
晴れた日に…「魔女の宅急便」より "On a Sunny day" from "Kiki's Delivery Service"	久石 譲	11	5
ロンド「ディベルティメント 第4番」より "Rondo" from Divertimento No.4 K.Anh.229(K.439b)	W.A.Mozart	14	6
ポル・ウナ・カベーサ (Solo+optioin 2nd) Por una Cabeza	C.Gardel	18	8
マック・ザ・ナイフ「三文オペラ」より Mack the Knife from "The Three-Penny Opera"	Kurt Weill	22	10
私のお気に入り ミュージカル『サウンド・オブ・ミュージック』より My Favorite Things	R.Rodgers	26	12
ユー・レイズ・ミー・アップ You Raise Me Up	R.Lovland	32	14
愛のあいさつ (Solo+optioin 2nd) Salut D'amour	E.Elgar	36	16
チャルダシュ (Solo+optioin 2nd) Czardas	V.Monti	40	18
ティコ・ティコ Tico-Tico no Fuba	Z.de Abreu	48	24
スペイン Spain	C.Corea	55	27
『メリー・ウイドウ』ワルツとマーチ "The Merry Widow" Waltz and March	F.Lehar	63	30
イタリアン・ポルカ (Solo+optioin 2nd) Polka Italienne	S.Rachmaninov	74	34
リベルタンゴ Libertango	A.Piazzolla	80	38
血潮したたる マタイ受難曲 コラール 63 (無伴奏 4マレット) Matthaus-Passion BWV244-63 " O Haupt voll Blut und Wunden"	J.S.Bach		41
荒城の月 (無伴奏 右1本の3マレット) Kojo no Tsuki (The Moon over the Ruined Castle)	瀧 廉太郎		42
荒城の月 (無伴奏 左1本の3マレット) Kojo no Tsuki (The Moon over the Ruined Castle)	瀧 廉太郎		43
荒城の月 (無伴奏 4マレット) Kojo no Tsuki (The Moon over the Ruined Castle)	瀧 廉太郎		44
赤とんぼ (無伴奏 3マレット) Aka - Tombo (Red - Dragonfly)	山田 耕筰		46
赤とんぼ (無伴奏 4マレット) Aka - Tombo (Red - Dragonfly)	山田 耕筰		48
星めぐりの歌 (無伴奏 4マレット) (Solo+optioin 2nd) Hoshi Meguri no Uta (Song of Constellation Tour)	宮沢 賢治		50
愛のロマンス (禁じられた遊び) (無伴奏 3マレット) Romance Anonimo	スペイン民謡		52
フィンランディア賛歌 (無伴奏 4マレット) Finlandia hymni Op.26-7	J.Sibelius		53
月光 (無伴奏 4マレット) Estudio Op.35-22	F.Sor		54
チャルダシュ 冒頭テーマ (無伴奏 4マレット) Czardas	V.Monti		56

「白雪姫」メドレー
"Snow White" Medley

~ ハイ・ホー (Heigh-Ho) ~

Frank Churchill
アメリカ(1901～1942)
Arr. by Michiko Noguchi

★『白雪姫』（原題『白雪姫と七人の小人』）は1937年に制作されたウォルト・ディズニーによる世界初の長編カラーアニメーション映画です。ミュージカル仕立てのディズニーアニメーション映画のトップバッターという意味でも歴史的価値の高い作品。公開から80数年が経過していますが、Frank Churchillの親しみある楽曲の数々は全く古さを感じさせず、今日でも世界中で愛され続けています。

～ いつか王子さまが (Someday My Prince Will Come) ～

~ 口笛吹いて働こう (*Whistle While You Work*) ~

晴れた日に… 「魔女の宅急便」より
"On a Sunny day" from "Kiki's Delivery Service"

久石 譲
日本(1950〜)
Arr. by Michiko Noguchi

ロンド 「ディベルティメント 第4番」より

"Rondo" from Divertimento No.4 K.Anh.229(K.439b)

Wolfgang Amadeus Mozart
オーストリア(1756〜1791)
Arr. by Michiko Noguchi

★「ロンド」は3本のバセットホルン（古楽器）のために書かれた作品です。バセットホルンはクラリネットに似た木管楽器ですが、クラリネットより大型で、低音域が広くなっています。この「ロンド」を含む「ディベルティメント」のピアノ独奏版「ウィーン ソナチネ」（K.カウアー編曲）も広く愛奏されています。

ポル・ウナ・カベーサ
Por una Cabeza

Carlos Gardel
アルゼンチン(1890〜1935)
Arr. by Michiko Noguchi

★「ポル・ウナ・カベーサ」は競馬用語の「首（ひとつ）の差で」という意味です。アルゼンチンの大人気歌手だったカルロス・ガルデルが映画「タンゴ・バー(Tango-bar)」の挿入歌として1935年に作曲しました。同年、カルロスは人気の絶頂期に惜しくも飛行機事故で急逝しましたが、現在も尚アルゼンチンの国民的スターとしての地位を不動のものにしています。

マック・ザ・ナイフ 「三文オペラ」より
"Mack the Knife" from "The Three-Penny Opera"

Kurt Weill
ドイツ(1900〜1950)
Arr. by Michiko Noguchi

★『三文オペラ』はドイツの劇作家ベルトルト・ブレヒト(Berthold h Brecht)の戯曲で、クルト・ヴァイル(Kurt Weill)が音楽を書きました。初演は1928年8月31日にベルリンで行われ、以後数回映画化もされています。劇中で歌われる「メッキー・メッサーのモリタート（マック・ザ・ナイフ）」はクラシック、ジャズのレパートリーとして今日でも広く親しまれています。

私のお気に入り ミュージカル『サウンド・オブ・ミュージック』より
My Favorite Things

Richard Rodgers
アメリカ(1902〜1979)
Arr. by Michiko Noguchi

★『サウンド・オブ・ミュージック』は1959年に公開された舞台ミュージカル。1965年に映画化され、世界中で大ヒットしました。「私のお気に入り」は住み込み家庭教師である主人公マリアが子供たちに「困った時、落ち込んだ時には楽しいこと、大好きなことを考えましょう」と「お気に入り」を次々に挙げながら歌います。今日ではジャズのスタンダード・ナンバーとしても人気が高く、多くのミュージシャンがカバーしています。

MY FAVORITE THINGS
Richard Rodgers / Oscar Hammerstein II
©Williamson Music Company
The rights for Japan licensed to Sony Music Publishing (Japan) Inc.

ユー・レイズ・ミー・アップ
You Raise Me Up

Rolf Lovland
ノルウェー(1955〜)
Arr. by Michiko Noguchi

YOU RAISE ME UP
Words by BRENDAN JOSEPH GRAHAM
Music by ROLF LOVLAND
© ALFRED PUBLISHING CO., INC.
All Rights Reserved.
Print rights for Japan administered by Yamaha Music Entertainment Holdings, Inc.

YOU RAISE ME UP
Words by Brendan Graham
Music by Rolf Lovland
© PEERMUSIC (UK) LTD.
International copyright secured. All rights reserved.
Rights for Japan administered by PEERMUSIC K.K.

愛のあいさつ
Salut D'amour

Edward Elgar
イギリス(1857〜1934)
Arr. by Michiko Noguchi

※ 8分音符もトレモロで奏してください。片手トレモロ（1音目を打って振動させる）も使用すると綺麗に音を繋ぐことが出来ます。

★ エルガーはイギリス国民から最も敬愛されている作曲家の一人です。32才の時、8才年上のカロラインと結婚しました。『愛のあいさつ』はその新婚の1888年に夫人への感謝の気持ちをこめて書かれました。夫人はエルガーの才能を信じ心の支えとなり、その献身的な愛がエルガーを成功に導いたといわれています。『愛のあいさつ』はヴァイオリンとピアノのために書かれましたが、作曲者自身の手によってピアノ独奏や小管弦楽にも編曲されました。

チャルダシュ

Czardas

Vittorio Monti
イタリア(1868〜1922)
Arr. by Michiko Noguchi

※ パート譜56ページ掲載の4マレット冒頭テーマを使用することも可能です（独奏の場合のみ）。

★『チャルダシュ』とはラッセンという暗く、もの悲しいメロディーのゆるやかな部分と、フリシュカという熱狂的な速い部分が交互にあらわれるジプシー音楽の形式の名称です。この曲は、イタリアのヴァイオリン奏者モンティがヴァイオリンとピアノのために書いた作品です。

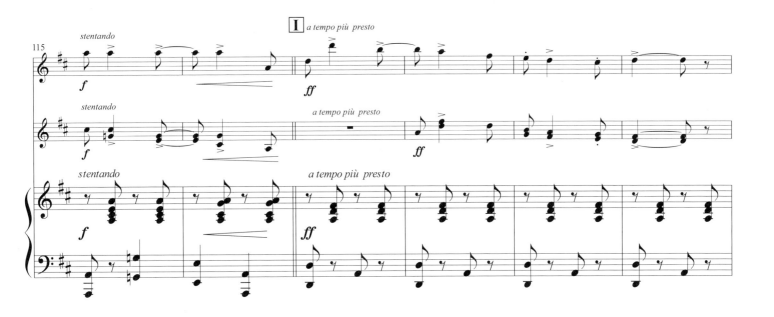

ティコ・ティコ

Tico-Tico no Fuba

Zequinha de Abreu
ブラジル(1880〜1935)
Arr.Masao Yoshikawa

★ 原題の「Tico-Tico no Fuba」のTico-Ticoとはポルトガル語でスズメ、Fubaはトウモロコシや米の粉という意味で、直訳すると「粉をついばむ雀」となります。1940年代に、アメリカに進出したブラジル人歌手、カルメン・ミランダ(Carmen Miranda)が映画「コパカバーナ"Copacabana"」の中で歌い、世界的にヒットしました。この曲はショーロ（Choro）と呼ばれるブラジルのポピュラー音楽のスタイルの代表的作品です。

スペイン
Spain

Chick Corea
アメリカ(1941〜2021)
Arr. by Michiko Noguchi

★「スペイン(1971年)」はジャズピアニスト、作曲家 チックコリアの代表曲として広く知られています。チックコリアは4歳の頃よりピアノを習い始め、クラシック音楽学校の名門ニューヨークのジュリアード音楽院に進学しました。卒業後ジャズ・ミュージシャンとしての活動を開始し、マイルス・デイビスのグループ加入を等を経て、1971年に自らのジャズバンド「リターン・トゥ・フォーエヴァー」を立ち上げ、翌1972年に発表した同名のアルバムの大ヒットによりトップアーティストとしての地位を得ました。イタリア系とスペイン系の血をひくためか、ラテン音楽を主題にした楽曲を多数書いています。

SPAIN
Music by Chick Corea
© Copyright by LITHA MUSIC CO.
All Rights Reserved. International Copyright Secured.
Print rights for Japan Controlled by Shinko Music Entertainment Co., Ltd.

「メリー・ウィドウ」ワルツとマーチ

The Merry Widow Waltz and March

Franz Lehar
オーストリア(1870～1948)
Arr. by Michiko Noguchi

★ フランツ・レハールは1870年にハンガリーに生まれ、12歳でプラハ音楽院に入学。ドヴォルジャークにも指導を受け、プッチーニとも親交がありました。メリー・ウィドウ（陽気な未亡人）は、1905年に作曲した3幕からなるオペレッタ（喜歌劇）で、未亡人ハンナをめぐる恋物語。ウィーンで初演されて以来、世界中で驚異的な成功を収め、現在でもウィーン・フォルクスオーパーの中心的演目として上演され続けています。

イタリアン・ポルカ

Polka Italienne

Sergei Rachmaninov
ロシア(1873〜1943)
Arr. by Michiko Noguchi

★イタリアン・ポルカは、ラフマニノフが1906年にドイツに向かう旅の途中に滞在したイタリアで聴いた街頭音楽師の演奏するメロディーを元に書いた4手のピアノ連弾用作品で、民族調のメロディーの楽しく軽快な作品です。

リベルタンゴ

Libertango

Astor Piazzolla
アルゼンチン(1921〜1992)
arr. by Michiko Noguchi

LIBERTANGO
PIAZZOLLA ASTOR PANTALEON
©1975 by Edizioni Curci S.r.l, Milan / A. Pagani S.r.l, Fino Mornasco (CO) / Italy
Permission granted by FUJIPACIFIC MUSIC INC

★ピアソラはアルゼンチンに生まれ、4歳から15歳まではニューヨークでジャズ音楽に親しみ育ちました。その後アルゼンチンに戻り、名門タンゴ楽団に参加しますが、彼の個性的な作曲・編曲は受け入れられず、クラシック作曲家を目指し1954年にパリに留学しました。パリで師事した世界的名教師ブーランジェ女史は彼のクラシック作品に目を通した後「あなたに流れるタンゴの魂を封印しては本物のピアソラ作品は生まれない」と諭し、以降ピアソラはタンゴ、クラシック、ジャズを融合させた独自のTango ¨uevo（新しいタンゴ）の道にまい進していきます。
「Libertango（1974年）」とはlibertad（自由）とtango（タンゴ）を組み合わせた造語で彼の決意を象徴するタイトルとなっています。

野口 道子 Michiko Noguchi　　　公式ウェブサイト：http://michiko-noguchi.net/

4歳よりピアノ、12歳よりマリンバを習い始める。マリンバを井上典子氏、高橋美智子氏に師事。
武蔵野音楽大学卒業、同大学院終了。卒業時、卒業演奏会、新人演奏会に出演。最優秀生として皇居桃華楽堂における新人演奏会にも出演。
在学中より都内複数のプロ・オーケストラに鍵盤打楽器奏者として出演。
大学院在学中に文化庁助成日本音楽集団のヨーロッパ公演に参加、ギリシャ、イタリア、スペイン、旧ユーゴスラビア（現ボスニア・ヘルツェゴビナ、セルビア共和国、スロベニア）ルクセンブルク、フランスの各国で演奏。
在学中より「シュテルン室内アンサンブル」のメンバーとして全国各地で演奏活動。
大学院在学中に吉川雅夫、卜部茂子氏と東京マリンバ・トリオを結成し、全国で数十回に及ぶリサイタルやコンサートを開催。2003年にはアメリカ各地で公演。
TV「題名のない音楽会」、NHK「FMコンサート」、NHK教育テレビ番組などに多数ゲスト出演。オーチャードホールにて東京フィルハーモニーと共演。
スタジオ・ミュージシャンとしてTV音楽番組のレギュラー鍵盤奏者を20年以上務める。
編曲活動にも力を入れ、子供から大人用、教育用からコンサート レパートリー、ソロ、Duo、アンサンブル、バイオリンやフルート用など、出版楽譜は40冊を超えている。
2003年より吉川雅夫氏のデュオ・リサイタルを4年連続で開催
2009年 佐々木達夫氏と"Marimba-Duo"を結成 CD「Riverdance」、2011年 CD「Tempest」をリリース
2019年 佐々木達夫、名倉誠、中田麦氏らとCD「Back to Bach」をリリース

CD「シャレード」（ビクター VICC-139）東京マリンバ・トリオ（ビクター）
　「The Enka」東京マリンバ・トリオ（コロンビア）
　「Riverdance（リバーダンス）」The Marimba Duo , HERICON RECORDS,LTD, 2009年
　「Tempest（テンペスト）」The Marimba Duo , HERICON RECORDS,LTD, 2011年
　「Back to Bach（バック トゥ バッハ）ALM RECORDS 2019年

著書「マリンバ パートナー」シリーズ Vol.1～Vol.8（共同音楽出版社）
　「マリンバ プライマリー」（共同音楽出版社）
　「ジョイフル・メロディー」Vol.1、2（共同音楽出版社）
　「マリンバ デュオ」Vol.1、2、3　マリンバ デュオ＆パーカッション「リバーダンス」（共同音楽出版社）
　「マリンバ フェバリッツ」Vol.1、2、3（共同音楽出版社）
　「マリンバ アンサンブル」Vol.1、2（共同音楽出版社）
　「バイオリン パートナー」シリーズ　Grade A1、A2、B1、B2、B3、C1、C2（共同音楽出版社）
　「フルート パートナー」シリーズ　Grade A1、A2、B1、B2、B3、C1、C2（共同音楽出版社）
　「バッハ オン マリンバ」（共同音楽出版社）
　「マリンバ パートナー コンサートレパートリー Vol.1」（共同音楽出版社）
　「フルート パートナー ビギナーズ」（共同音楽出版社）
　「フルート パートナー コンサートレパートリー」（共同音楽出版社）
　「New マリンバ パートナー」シリーズ Vol.1～（共同音楽出版社）を発売中

表紙デザイン：エルコンパス 田中里佳

マリンバ パートナー
コンサートレパートリー Vol.1
2022年2月20日初版発行
2025年3月25日第2版発行
編著者　野口道子 © 2025
発行者　豊田治男
発行所　株式会社共同音楽出版社
　〒171-0051　東京都豊島区長崎3-19-1
　電話03-5926-4011
印刷製本　株式会社エデュプレス
充分注意しておりますが、乱丁・落丁は本社にてお取替えいたします。

日本音楽著作権協会（出）許諾第2200899-502号

皆様へのお願い
　楽譜や歌詞・音楽書などの出版物を著作権者に無断で複製（コピー）することは、著作権の侵害（私的利用など特別な場合を除く）にあたり著作権法により罰せられます。
　また、出版物からの不法なコピーが行われますと出版社は正常な出版活動が困難となり、ついには皆様方が必要とされるものも出版できなくなります。
　音楽出版社と日本音楽著作権協会（JASRAC）は著作権の権利を守り、なおいっそう優れた作品の出版普及に全力をあげて努力してまいります。
どうか不法コピーの防止に、皆様方のご協力をお願い申し上げます。
　　　　　　　　　　　株式会社共同音楽出版社
　　　　　　　　　　　一般社団法人日本音楽著作権協会

Marimba Partner
Concert Repertoire

マリンバパートナー
コンサートレパートリー
vol. 1

野口 道子 編著
Edited by Michiko Noguchi

KYODO-MUSIC

CONTENTS

『白雪姫』メドレー ～ハイ・ホー、いつか王子様が、口笛吹いて働こう～ "Snow White" Medley ♪Heigh-Ho ♪Someday My Prince Will Come ♪Whistle While You Work	F.Churchill	2
晴れた日に…「魔女の宅急便」より "On a Sunny day" from"Kiki's Delivery Service"	久石　譲	5
ロンド「ディベルティメント 第4番」より "Rondo" from Divertimento No.4 K.Anh.229(K.439b)	W.A.Mozart	6
ポル・ウナ・カベーサ (Solo+optioin 2nd) Por una Cabeza	C.Gardel	8
マック・ザ・ナイフ「三文オペラ」より Mack the Knife from"The Three-Penny Opera"	Kurt Weill	10
私のお気に入り ミュージカル『サウンド・オブ・ミュージック』より My Favorite Things	R.Rodgers	12
ユー・レイズ・ミー・アップ You Raise Me Up	R.Lovland	14
愛のあいさつ (Solo+optioin 2nd) Salut D'amour	E.Elgar	16
チャルダシュ (Solo+optioin 2nd) Czardas	V.Monti	18
ティコ・ティコ Tico-Tico no Fuba	Z.de Abreu	24
スペイン Spain	C.Corea	27
『メリー・ウイドウ』ワルツとマーチ "The Merry Widow" Waltz and March	F.Lehar	30
イタリアン・ポルカ (Solo+optioin 2nd) Polka Italienne	S.Rachmaninov	34
リベルタンゴ Libertango	A.Piazzolla	38
血潮したたる マタイ受難曲 コラール 63 (無伴奏 4マレット) Matthaus-Passion BWV244-63 " O Haupt voll Blut und Wunden"	J.S.Bach	41
荒城の月 (無伴奏 右1本の3マレット) Kojo no Tsuki (The Moon over the Ruined Castle)	瀧 廉太郎	42
荒城の月 (無伴奏 左1本の3マレット) Kojo no Tsuki (The Moon over the Ruined Castle)	瀧 廉太郎	43
荒城の月 (無伴奏 4マレット) Kojo no Tsuki (The Moon over the Ruined Castle)	瀧 廉太郎	44
赤とんぼ (無伴奏 3マレット) Aka - Tombo (Red - Dragonfly)	山田 耕筰	46
赤とんぼ (無伴奏 4マレット) Aka - Tombo (Red - Dragonfly)	山田 耕筰	48
星めぐりの歌 (無伴奏 4マレット) (Solo+optioin 2nd) Hoshi Meguri no Uta (Song of Constellation Tour)	宮沢 賢治	50
愛のロマンス (禁じられた遊び) (無伴奏 3マレット) Romance Anonimo	スペイン民謡	52
フィンランディア賛歌 (無伴奏 4マレット) Finlandia hymni Op.26-7	J.Sibelius	53
月 光 (無伴奏 4マレット) Estudio Op.35-22	F.Sor	54
チャルダシュ 冒頭テーマ (無伴奏 4マレット) Czardas	V.Monti	56

「白雪姫」メドレー

"Snow White" Medley

Frank Churchill
アメリカ(1901〜1942)
Arr. by Michiko Noguchi

〜 ハイ・ホー *(Heigh-Ho)* 〜

★『白雪姫』（原題『白雪姫と七人の小人』）は1937年に制作されたウォルト・ディズニーによる世界初の長編カラーアニメーション映画です。ミュージカル仕立てのディズニーアニメーション映画のトップバッターという意味でも歴史的価値の高い作品。公開から80数年が経過していますが、Frank Churchillの親しみある楽曲の数々は全く古さを感じさせず、今日でも世界中で愛され続けています。

~ いつか王子さまが (*Someday My Prince Will Come*) ~

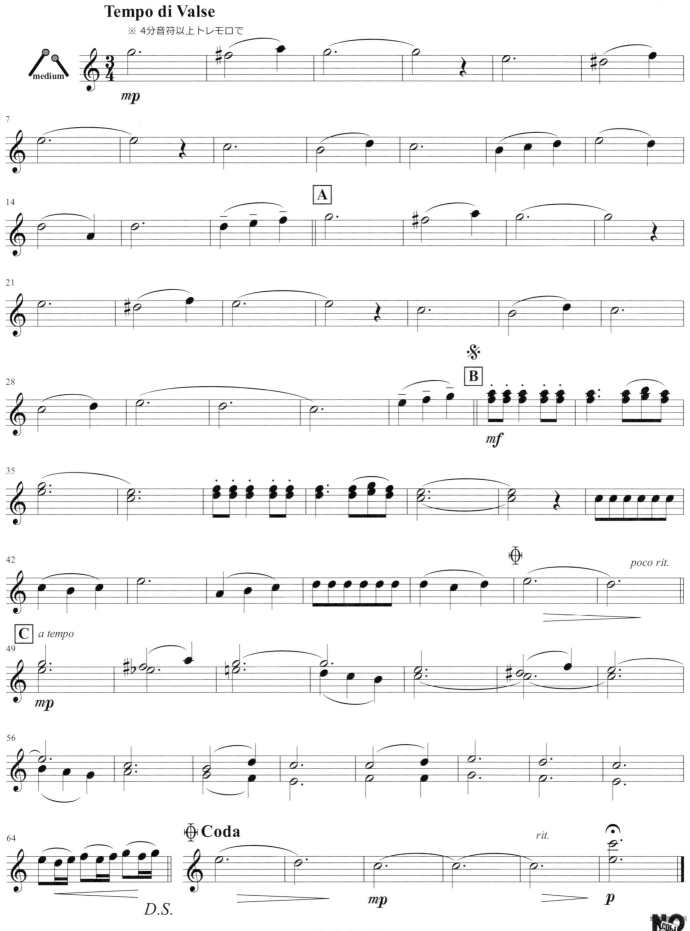

ロンド 「ディベルティメント 第4番」より

"Rondo" from Divertimento No.4 K.Anh.229(K.439b)

Wolfgang Amadeus Mozart
オーストリア(1756〜1791)
Arr. by Michiko Noguchi

★「ロンド」は3本のバセットホルン（古楽器）のために書かれた作品です。バセットホルンはクラリネットに似た木管楽器ですが、クラリネットより大型で、低音域が広くなっています。この「ロンド」を含む「ディベルティメント」のピアノ独奏版「ウィーン ソナチネ」（K.カウアー編曲）も広く愛奏されています。

ポル・ウナ・カベーサ

Por una Cabeza

Carlos Gardel
アルゼンチン(1890〜1935)
Arr. by Michiko Noguchi

★「ポル・ウナ・カベーサ」は競馬用語の「首（ひとつ）の差で」という意味です。アルゼンチンの大人気歌手だったカルロス・ガルデルが映画「タンゴ・バー(Tango-bar)」の挿入歌として1935年に作曲しました。同年、カルロスは人気の絶頂期に惜しくも飛行機事故で急逝しましたが、現在も尚アルゼンチンの国民的スターとしての地位を不動のものにしています。

マック・ザ・ナイフ 「三文オペラ」より

"Mack the Knife" from "The Three-Penny Opera"

Kurt Weill
ドイツ(1900〜1950)
Arr. by Michiko Noguchi

★『三文オペラ』はドイツの劇作家ベルトルト・ブレヒト(Berthold h Brecht)の戯曲で、クルト・ヴァイル(Kurt Weill)が音楽を書きました。初演は1928年8月31日にベルリンで行われ、以後数回映画化もされています。劇中で歌われる「メッキー・メッサーのモリタート（マック・ザ・ナイフ）」はクラシック、ジャズのレパートリーとして今日でも広く親しまれています。

私のお気に入り ミュージカル『サウンド・オブ・ミュージック』より

My Favorite Things

Richard Rodgers
アメリカ(1902〜1979)
Arr. by Michiko Noguchi

★『サウンド・オブ・ミュージック』は1959年に公開された舞台ミュージカル。1965年に映画化され、世界中で大ヒットしました。「私のお気に入り」は住み込み家庭教師である主人公マリアが子供たちに「困った時、落ち込んだ時には楽しいこと、大好きなことを考えましょう」と「お気に入り」を次々に挙げながら歌います。今日ではジャズのスタンダード・ナンバーとしても人気が高く、多くのミュージシャンがカバーしています。

MY FAVORITE THINGS
Richard Rodgers / Oscar Hammerstein II
©Williamson Music Company
The rights for Japan licensed to Sony Music Publishing (Japan) Inc.

ユー・レイズ・ミー・アップ

You Raise Me Up

Rolf Lovland
ノルウェー(1955〜)
Arr. by Michiko Noguchi

愛のあいさつ

Salut D'amour

Edward Elgar
イギリス(1857〜1934)
Arr. by Michiko Noguchi

※8分音符もトレモロで奏してください。片手トレモロ（1音目を打って振動させる）も使用すると綺麗に音を繋ぐことが出来ます。

★エルガーはイギリス国民から最も敬愛されている作曲家の一人です。32才の時、8才年上のカロラインと結婚しました。『愛のあいさつ』はその新婚の1888年に夫人への感謝の気持ちをこめて書かれました。夫人はエルガーの才能を信じ心の支えとなり、その献身的な愛がエルガーを成功に導いたといわれています。『愛のあいさつ』はヴァイオリンとピアノのために書かれましたが、作曲者自身の手によってピアノ独奏や小管弦楽にも編曲されました。

チャルダシュ

Czardas

Marimba 1
(Solo)

Vittorio Monti
イタリア（1868〜1922）
Arr. by Michiko Noguchi

※ パート譜56ページ掲載の4マレット冒頭テーマを使用することも可能です（独奏の場合のみ）。

★『チャルダシュ』とはラッセンという暗く、もの悲しいメロディーのゆるやかな部分と、フリシュカという熱狂的な速い部分が交互にあらわれるジプシー音楽の形式の名称です。この曲は、イタリアのヴァイオリン奏者モンティがヴァイオリンとピアノのために書いた作品です。

チャルダシュ

Czardas

Marimba 2
(Option)

Vittorio Monti
イタリア(1868〜1922)
Arr. by Michiko Noguchi

ティコ・ティコ

Tico-Tico no Fuba

Zequinha de Abreu
ブラジル(1880〜1935)
Arr.Masao Yoshikawa

★ 原題 の「Tico-Tico no Fuba」のTico-Ticoとはポルトガル語でスズメ、Fubaはトウモロコシや米の粉という意味で、直訳すると「粉をついばむ雀」となります。1940年代に、アメリカに進出したブラジル人歌手、カルメン・ミランダ(Carmen Miranda)が映画「コパカバーナ"Copacabana"」の中で歌い、世界的にヒットしました。この曲はショーロ（Choro）と呼ばれるブラジルのポピュラー音楽のスタイルの代表的作品です。

スペイン

Spain

Chick Corea
アメリカ(1941〜2021)
Arr. by Michiko Noguchi

★「スペイン(1971年)」はジャズピアニスト、作曲家 チックコリアの代表曲として広く知られています。チックコリアは4歳の頃よりピアノを習い始め、クラシック音楽学校の名門ニューヨークのジュリアード音楽院に進学しました。卒業後ジャズ・ミュージシャンとしての活動を開始し、マイルス・デイビスのグループ加入を等を経て、1971年に自らのジャズバンド「リターン・トゥ・フォーエヴァー」を立ち上げ、翌1972年に発表した同名のアルバムの大ヒットによりトップアーティストとしての地位を得ました。イタリア系とスペイン系の血をひくためか、ラテン音楽を主題にした楽曲を多数書いています。

SPAIN
Music by Chick Corea
© Copyright by LITHA MUSIC CO.
All Rights Reserved. International Copyright Secured.
Print rights for Japan Controlled by Shinko Music Entertainment Co., Ltd.

「メリー・ウィドウ」ワルツとマーチ

The Merry Widow Waltz and March

Franz Lehar
オーストリア(1870〜1948)
Arr. by Michiko Noguchi

★ フランツ・レハールは1870年にハンガリーに生まれ、12歳でプラハ音楽院に入学。ドヴォルジャークにも指導を受け、プッチーニとも親交がありました。メリー・ウィドウ（陽気な未亡人）は、1905年に作曲した3幕からなるオペレッタ（喜歌劇）で、未亡人ハンナをめぐる恋物語。ウィーンで初演されて以来、世界中で驚異的な成功を収め、現在でもウィーン・フォルクスオーパーの中心的演目として上演され続けています。

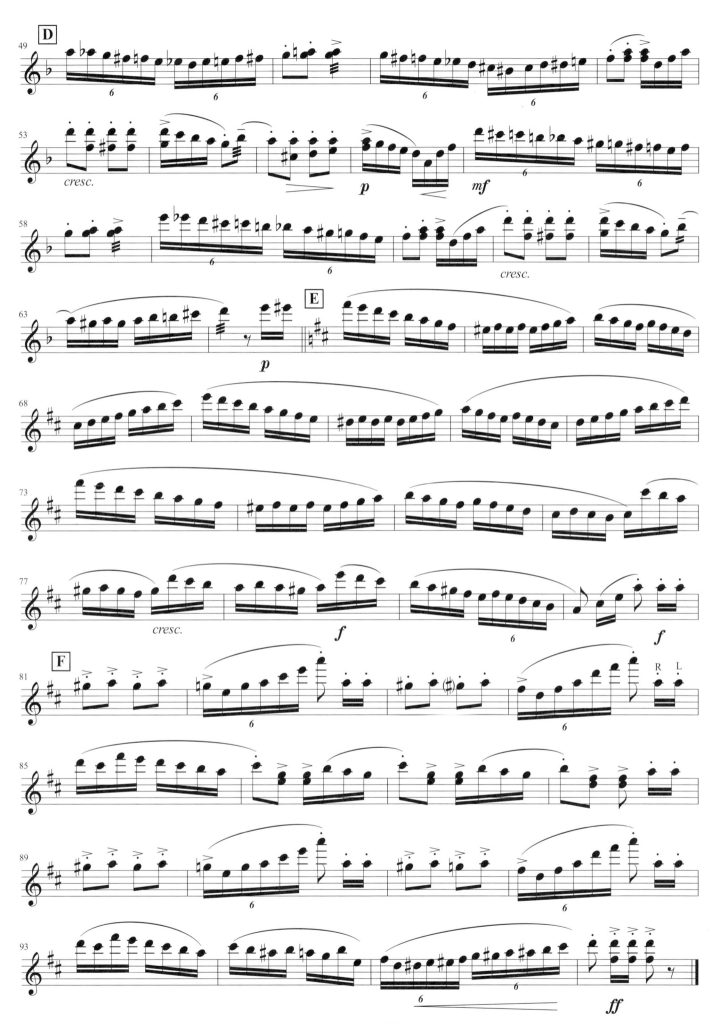

リベルタンゴ

Libertango

Astor Piazzolla
アルゼンチン(1921〜1992)
arr. by Michiko Noguchi

LIBERTANGO
PIAZZOLLA ASTOR PANTALEON
©1975 by Edizioni Curci S.r.l, Milan / A. Pagani S.r.l, Fino Mornasco (CO) / Italy
Permission granted by FUJIPACIFIC MUSIC INC

★ピアソラはアルゼンチンに生まれ、4歳から15歳まではニューヨークでジャズ音楽に親しみ育ちました。その後アルゼンチンに戻り、名門タンゴ楽団に参加しますが、彼の個性的な作曲・編曲は受け入れられず、クラシック作曲家を目指し1954年にパリに留学しました。パリで師事した世界的名教師ブーランジェ女史は彼のクラシック作品に目を通した後「あなたに流れるタンゴの魂を封印しては本物のピアソラ作品は生まれない」と諭し、以降ピアソラはタンゴ、クラシック、ジャズを融合させた独自のTango ¨uevo（新しいタンゴ）の道にまい進していきます。
「Libertango（1974年）」とはlibertad（自由）とtango（タンゴ）を組み合わせた造語で彼の決意を象徴するタイトルとなっています。

血潮したたる マタイ受難曲 コラール 63

Matthaus-Passion BWV244-63 " O Haupt voll Blut und Wunden"

Johann Sebastian Bach
ドイツ(1685〜1750)

★「マタイ受難曲（1727年）」はイエス・キリストが十字架にかけられる受難の物語で、68曲の独唱や合唱で構成され、歌詞は新約聖書のマタイ伝に基づいています。「血潮したたる」のメロディーの元はドイツの古い讃美歌で、「マタイ受難曲」では和音構成を少しずつ変えながら数回登場します。「マタイ受難曲」はバッハの没後79年を経た1829年、メンデルスゾーンが復活上演し、忘れ去られていたバッハ作品の再評価に繋がった作品でもあります。

荒城の月

"Kojo no Tsuki (The Moon over the Ruined Castle)"

瀧 廉太郎
日本(1879〜1903)
Arr. by Michiko Noguchi

★瀧 廉太郎は明治時代の日本を代表する作曲家です。東京音楽学校（現：東京芸術大学）を卒業した後、1901年に文部省外国留学生としてドイツのライプツィヒ音楽院に入学、ピアノや作曲を学び始めますが、その僅か5か月後に肺結核を発病し、帰国。23才の若さで死去しました。
　作品には「荒城の月」の他、「箱根八里」、「お正月」、「鳩ぽっぽ」、「雪やこんこん」、「花」などがあります。
　歌詞は明治時代の文学者 土井 晩翠（どいばんすい）の作（原題は「荒城月」）で、月灯りに照らされた「荒れ果てた城」を背景に、武士の時代の栄華と終焉、そこで生きた者たちへ哀愁に満ちた想いを詠み表した名作です。詩の構想を練ったとされる仙台藩青葉城址、会津若松市の会津藩鶴ヶ城址などには、今も歌碑が置かれています。

Marimba 42

荒城の月

"Kojo no Tsuki (The Moon over the Ruined Castle)"

瀧 廉太郎
日本(1879〜1903)
Arr. by Michiko Noguchi

Marimba 44

赤とんぼ

Aka - Tombo (Red - Dragonfly)

山田耕筰
日本(1886〜1965)
Arr. by Michiko Noguchi

★「赤とんぼ」は三木露風（みきろふう）が大正10年（1921年）に、故郷(兵庫県たつの市）で過ごした子供の頃を思い起こして書いたし歌詞に、
山田耕筰が曲を付けました。

歌詞 1番：夕焼、小焼の、あかとんぼ、負われて見たのは、いつの日か　2番：山の畑の、桑の実を、小籠（こかご）に、つんだは、まぼろしか
3番：十五で、姐（ねえ）やは、嫁にゆき、お里の、たよりも、たえはてた　4番：夕やけ、小やけの、赤とんぼ、とまっているよ、竿の先

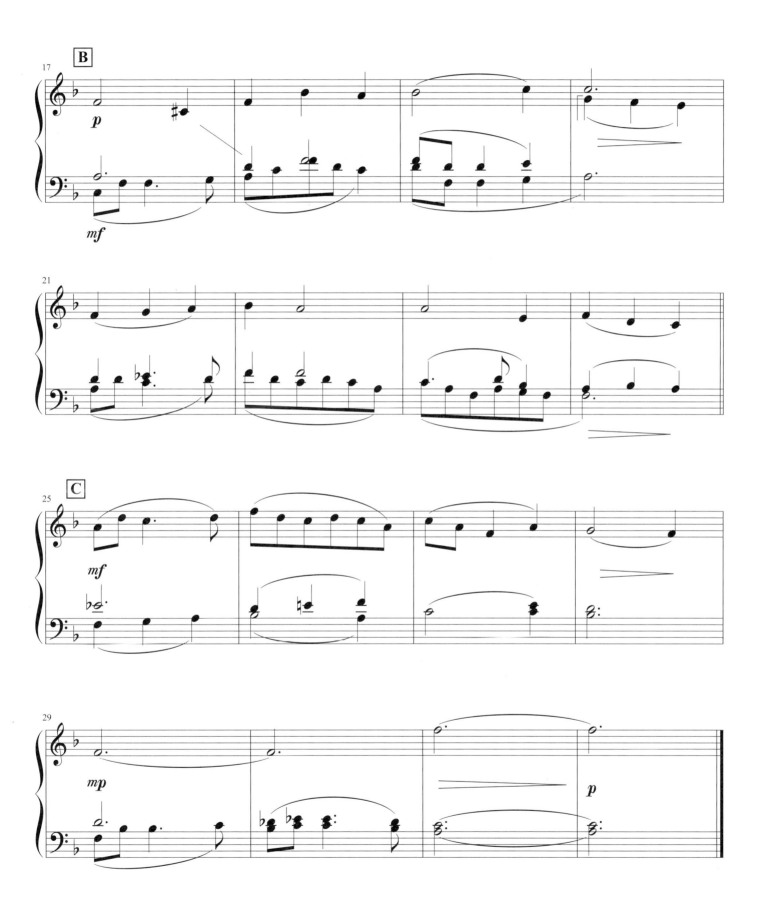

赤とんぼ

Aka - Tombo (Red - Dragonfly)

山田耕筰
日本(1886〜1965)
Arr. by Michiko Noguchi

星めぐりの歌

Hoshi Meguri no Uta (Song of Constellation Tour)

宮沢賢治
日本(1896〜1933)
Arr. by Michiko Noguchi

※ M2のマレットは硬いゴムマレットで弾いてください。鉄琴、グロッケンでの演奏も可。

★ 宮沢賢治は1896年（明治29年）岩手県花巻で生まれた詩人、童話作家、教師、宗教家、農業指導家です。多くの詩、童話などを遺し、今日でも広く親しまれています。代表作には「銀河鉄道の夜」「雨ニモマケズ」「注文の多い料理店」「風の又三郎」「セロ弾きのゴーシュ」等があります。「星めぐりの歌」は宮沢賢治が作詞作曲した星座をめぐる歌で、童話「双子の星」や「銀河鉄道の夜」に登場します。

歌詞：あかいめだまの　さそり　ひろげた鷲（わし）の　つばさ　あをいめだまの　小いぬ　ひかりのへびの　とぐろ
　　　オリオンは高く　うたひ　つゆとしもとを　おとす
　　　アンドロメダの　くもは　さかなのくちの　かたち　大ぐまのあしを　きたに　五つのばした　ところ
　　　小ぐまのひたいの　うへは　そらのめぐりの　めあて

愛のロマンス（禁じられた遊び）

Romance Anonimo

スペイン民謡
Arr. by Michiko Noguchi

D.C.

★「愛のロマンス」はフランス映画の巨匠ルネ・クレマン監督による1952年のフランス映画「禁じられた遊び（LesJeux Interdits）」のテーマとして使われ、世界中で大ヒットした名曲（元々はスペインの古い民謡）です。映画「禁じられた遊び」は、幼い少年少女を通して戦争の悲惨さを描いた傑作で、白黒の画像とNarciso Yepes（ナルシソ・イエペス）によるギターの演奏が見事にマッチして、悲しさを一層印象的なものにしました。日本では『禁じられた遊び』のタイトルでも知られ、ギターのスタンダード名曲として広く親しまれています。

フィンランディア賛歌

Finlandia hymni Op.26-7

Jean Sibelius
フィンランド(1865〜1957)
Arr. by Michiko Noguchi

★シベリウスは森と湖の国フィンランドを代表する作曲家です。『フィンランディア』は、帝政ロシアからの独立運動の企画劇「フィンランドは目覚める」の伴奏音楽が原曲で、1899年に初演、翌1900年のパリ万国博覧会で交響詩としてシベリウス自身の指揮で演奏されました。フィンランドは1918年独立を果たしますが、第二次世界大戦で再び軍事侵攻を受け、領土が分断されるという苦難を味わいます。そうした状況下、中間部の美しい旋律に愛国的な歌詞が付けられ、シベリウス自身が合唱用に編曲したのがこの「フィンランディア賛歌（1941年）」で、第二の国家として愛されています。

チャルダシュ

Czardas

Vittorio Monti
イタリア(1868〜1922)
Arr. by Michiko Noguchi

★ ピアノ譜40ページのピアノ伴奏「チャルダッシュ」と併用可能（独奏の場合）です。